CASIMIR-PÉRIER,

LE G^{al}. LAMARQUE

AUX CHAMPS-ÉLYSÉES,

FRAGMENS POLITIQUES,

PAR GAILLARD (DU MÉDOC),

Ancien Député de la Gironde.

1845.

BORDEAUX.

Imprimerie de LANEFRANQUE, rue Montméjean, 40, hôtel de Favières.

Il est superflu de dire que Casimir-Périer représente le système
politique suivi par le gouvernement du Roi depuis 1831 , et le général
Lamarque l'opposition de gauche.

J'ai tâché dans ces fragmens politiques de prêter à ces deux hommes
considérables un langage, sinon digne d'eux, du moins approprié à
leur position respective dans la Chambre des Députés et au Conseil.

CASIMIR-PÉRIER, LE G^{AL}. LAMARQUE

AUX CHAMPS-ÉLYSÉES,

FRAGMENS POLITIQUES.

> .... Les songes funèbres
> Apportent aux vivans les leçons du cercueil.
> (C. Delavigne, 11e. Mess.),

1840-45.

C. P.   Eh bien ! digne compagnon d'armes du grand homme ! vous paraissez rêveur ; les affaires de l'autre monde occuperaient-elles votre esprit ?

G^{al}. L.   Vous n'êtes pas étranger à mes soucis, terrible président du 13 Mars (*a*). Vous qui en êtes peut-être la cause première...... Ignorez-vous que la Sainte-Alliance renaît au souffle de l'Angleterre, et menace encore une fois la patrie ?... Quels doivent être vos regrets d'avoir arrêté la vengeance des peuples armés en 1830 pour en disperser les membres affaiblis !

C. P.   Ma politique était bonne et la seule à suivre. Quinze années en ont montré la sagesse. Il fallait par la paix calmer les factions, rétablir nos finances, compléter nos armemens et faire face aux éventualités d'un avenir incertain. Il est beau de vaincre, sans doute, mais il est utile et glorieux de réparer sa défaite; si Napoléon, au retour de l'île d'Elbe, avait eu le temps nécessaire à ses préparatifs guerriers, un seul revers n'aurait pas fixé sa destinée.

G^{al}. L.   L'empereur menaçait l'Europe dans son indépendance; nous l'appelions, au contraire, à la reconquérir. Déjà s'étaient levés à la grande voix de Juillet le Belge laborieux, le Polonais indompté; et l'Italie, frémissante du joug autrichien, tournait vers nous ses sympathiques regards, quand, par une mesure sans exemple dans les fastes révolutionnaires, vous proclamâtes, par l'organe du Parlement, le principe de non intervention au moment même de passer la frontière..... Ce coupable abandon des droits des nations prépara leur indifférence et notre isolement au jour du danger.

C. P.   La France, libre de ses actes, ne voulut pas porter au loin la propagande de sa foi politique. Il lui importait autrement de fonder son régime nouveau, de mettre hors d'atteinte les peuples voisins, et d'obtenir la dissolution du royaume des Pays-Bas, élevé par le congrès de Vienne dans un but hostile à sa puissance.

Devenue un état indépendant, gouvernée par un prince ami, que les liens du sang unissent à la nouvelle dynastie, la Belgique n'oubliera pas qu'elle nous doit sa nationalité et ce que nous pouvons. Les peuples voisins, Général, voilà nos alliés dans la paix, dans la guerre ! C'est pour eux et dans notre intérêt que le principe de non intervention a été proclamé et reconnu.

G^l. L.   Ces résultats, couronnés d'ailleurs par un siége mémorable (*b*) et dûs à une habile direction, à la force de votre volonté, disent suffisamment ce qu'était, à son aurore, la révolution, et ce qu'elle serait aujourd'hui, si les hommes qui arrivèrent successivement aux affaires eussent hérité, au même degré, de votre énergie ; nautonniers timides, pour la plupart, on les vit sur l'océan politique s'arrêter au moindre écueil : si le 11 Octobre (*c*) prit Anvers, le ministère Molé évacua Ancône.

C. P.   Ce reproche, qu'adresse aux divers ministères l'opinion dissidente, est injuste.

Ceux-ci, à part quelques cas extrêmes, ne peuvent agir en dehors de la majorité dont ils sont l'expression, et partagent avec elle la responsabilité de leurs actes communs : le blâme ou l'éloge leur appartient donc au même titre.

En ce qui touche Ancône, j'avoue que l'abandon de cette place, due à la valeur héréditaire de nos soldats, m'a été pénible. Ce n'est pas sans motif que j'occupais ce point important sur l'A-

driatique. De là, en regard de l'Italie, je tenais
en échec la cour de Vienne, et pouvais lui dire :
« Vous n'irez pas plus loin ». Dans cette situation le César des Germains n'aurait pas signé la
convention de Londres, et le prudent Metter-
nich négocierait encore.

Soyons justes pourtant : souffririons-nous l'é-
tranger en Suisse ou dans les places fortes du Pié-
mont sans saisir nos armes ? Non, sans doute. Et
bien! l'Autriche, par rapport au royaume Lom-
bard-Vénitien, était dans une position plus criti-
que encore que ne serait la nôtre, le cas échéant,
puisqu'elle avait à craindre et pour ce nouvel
état, et pour ses établissemens maritimes de
Trieste et de Venise.

Il est également vrai de dire que si l'occupa-
tion fut jugée nécessaire sous le 13 Mars, elle
l'était moins sous le 15 Avril (d), plusieurs années
après, alors que la paix semblait plus affermie.

G^{al}. L.   L'Angleterre, sous de faux semblans d'amitié,
nous offrit sa médiation et se prononça contre
nous; il fallut céder. Pouvait-elle ne pas être
favorable à sa fidèle alliée de Prague et de Cha-
tillon (e) au moment d'utiliser, de nouveau, son
dévoûment bien connu ?

En effet, cette nation ambitieuse méditait,
depuis long-temps, la conquête de la Syrie et la
ruine du pacha d'Egypte.

Toutefois, comme l'intérêt politique de la France en Orient était la conservation du vice-roi, pour lever tout obstacle de notre côté, et au besoin nous créer des embarras sur le Rhin, le cabinet anglais imagina de rajeunir la vieille ligue de 1814, — décorée du titre de Sainte, — en y faisant plaisamment entrer, cette fois, le sultan des Turcs, le descendant du prophète ! et le quintuple traité, ou traité d'intimidation, auquel s'unit tout d'abord l'Autriche, en souvenir d'Ancône et par reconnaissance, fut arrêté contre nous ; telle est la foi punique.

C. P.   Les puissances adhérèrent aux stipulations du 15 Juillet (*f*) par déférence pour la Grande-Bretagne, persuadées d'ailleurs que le bon accord n'en serait pas troublé.

La seule question de territoire peut amener une collision européenne aujourd'hui ; et les alliances de l'Angleterre avec le continent, — bien que redoutables, — ne la produiront pas dans un intérêt purement anglais. C'est donc à tort que le 1er. Mars (*g*), — tout en se plaignant justement du manque d'égards de lord Palmerston, — prit au sérieux l'adhésion des Cours du Nord au traité, en fit grand bruit, et menaça les alliés d'une guerre au printems.

La situation s'en aggrava ; mais le Nestor du Conseil ne se méprit pas sur l'intention véritable

des parties contractantes, ni sur les effets pro-
duits au-dehors par les manifestations hostiles
du chef du cabinet, commentées, exagérées par
le parti de la guerre; aussi se hâta-t-il, usant
de sa prérogative, d'éloigner une administration
née d'un orage parlementaire (*h*), et de revenir
aux erremens du 13 Mars, que le 29 Octobre (*i*)
est appelé à continuer.

La mesure était sage, et je l'aurais conseillée à
la Couronne.

Fallait-il pour un intérêt secondaire, éloigné,
et un oubli des usages diplomatiques, recom-
mencer les guerres de l'empire? Je ne le pense
pas.

G^{nl}. L.   Si votre système a prévalu, et la paix conservée
au pays, est-ce une raison pour la vouloir par-
tout et toujours? Vous oubliez la maxime :
« Divisez pour régner ». C'est le contraire que
vous faites, vous tous ministres de Juillet ! Na-
guère Ibrahim, vainqueur à *Nézib*, marchait sur
Constantinople, qu'aurait immédiatement occu-
pée les Russes, et Dieu sait le rétentissement
qu'aurait eu dans le monde, et surtout en Angleterre, cette prise de possession.... Un conflit
en était la suite certaine, inévitable. — Il fallait
l'amener; vous l'empêchâtes. — Un envoyé ap-
porté au général *l'ultimatum* du 12 Mai (*j*); et,
comme Annibal aux portes de Rome, le fils de

Méhémet, cédant à une fausse prudence, s'arrête, vaincu par la fatalité.

Ainsi fut perdue l'occasion d'une rupture entre les deux rivales, et le czar dans l'antique Byzance ne peserait pas sur l'Oder! Nous en eussions profité pour effacer la dernière trace des malheurs de 1815; on les vit s'unir contre nous bientôt après.

C P.   Le Rhin s'offre souvent à votre pensée, je le vois. Nous aussi avons su le franchir, et rapporter de ses bords fameux les doux fruits d'une victoire qui ne coûte ni sang, ni larmes : Austerlitz a vu l'alliance de l'empire avec les maisons régnantes de l'Allemagne; ne la voyons-nous pas se reformer et grandir de nos jours?

Du reste, vous ne vous trompez pas, le cabinet des Tuilleries a voulu empêcher la marche des Moscovites sur le Bosphore et de nouvelles complications; il y a réussi.

En cela, il n'a fait que suivre la politique de la France et celle de Napoléon, qui disait : « En permettant l'entrée des Russes à Constan- » tinople, nous laisserions à nos neveux un long » héritage de guerres et de malheurs ». (Mess. , au sénat du 29 Janvier 1807).

On sait aussi que la funeste campagne de Russie fut entreprise à cette intention.

Vous en espériez la guerre, dites-vous? Soyez satisfait : elle aura lieu pour le maintien de l'équilibre européen le jour même où ce fait s'accomplira ; nous n'attendrons pas que l'Angleterre en donne le signal, — car sa politique tortueuse pourrait ne pas le donner. — Vous l'aurez encore, si nos possessions d'Afrique sont menacées, ou nos droits dans la Méditerranée méconnus : il suffira qu'elle soit nécessaire et juste. En attendant, songeons aux intérêts moraux et matériels du pays ; que des relations internationales, des rapports commerciaux s'établissent partout : la confiance réciproque des peuples sera la leçon des rois.

G^{al}. L. A ce premier soin imposé au pouvoir dirigeant s'en joint un autre également impérieux : c'est celui de s'opposer par la puissance des idées, si ce n'est à force ouverte, aux prétentions des Cours absolutistes ; que, se plaçant à la tête des Gouvernemens constitutionnels, il sache résister à l'ambition des triumvirs, qui, après s'être partagé la Pologne en l'absence de l'Angleterre, pourraient bien, avec son concours intéressé, faire subir à l'empire Ottoman le même sort. (k).

C. P. L'union des puissances n'est pas indissoluble,

et le cabinet britannique n'oubliera pas les traditions de ses devanciers.

Quoiqu'il arrive, la France avisera... Attendre les événements et s'y préparer résument pour le moment sa politique extérieure.

Disons-le avec un sentiment de juste fierté : presque seule entre les nations, elle a su, depuis trente ans, ennoblir son long repos, et ajouter à son ancienne gloire des palmes nouvelles. En Afrique, la conquête d'Alger, l'assaut de Constantine (*l*), l'invasion du camp d'Abd-el-Kader et ses trophées guerriers (*m*), la bataille d'Isly, grande comme sa sœur des Pyramides (*n*), viennent enrichir ses annales ; tandis que, sur les deux mers, Saint-Jean d'Ulloa, Tanger, Mogador, illustrés par leur jeune vainqueur (*o*), y prennent place au même rang.

Hélas ! faut-il qu'un souvenir de deuil tempère la joie du triomphe, cause d'universels regrets, appelle de royales douleurs !.... Prince infortuné ! trop tôt ravi à nos espérances, à notre amour, ta perte serait irréparable, si tes nobles frères n'avaient hérité de tes vertus.

G^{al}. L.   Les faits glorieux que vous retracez montrent ce que peuvent nos légions, exercées dès longtemps au dur métier des armes.

Puisse un champ plus digne de leur courage leur être bientôt ouvert ! Ailleurs que sur le sol africain, elles ont des provinces à reconquérir, des frontières à reprendre, des injures à venger...

C. P. *(l'interrompant)* Le temps des grandes guerres est passé, car l'orgueil ou l'ambition d'un maître absolu ne les commande plus aux peuples soumis uniquement aux lois du régime représentatif.

Vous êtes bien de l'école de l'empire, Général ! et faites assez voir que les leçons d'une cruelle expérience ne profitent guère aux partis ; souffrez que la France, éclairée à son tour par les enseignements du passé, procède avec plus d'ordre, suive une politique moins compromettante, et choisisse elle-même ses champs de bataille quand la raison d'Etat lui en fera un devoir.

Jusque-là qu'elle garde sa haute position et entrevoie avec sécurité l'avenir, dont avec prudence et habileté ses conseillers sauront diriger le cours.

Laissons à la nation le soin de ses destinées ; forte de ses droits, présente au Conseil par ses mandataires, elle en est, en réalité, l'arbitre souverain.

C'est la paix qu'elle veut, sachons respecter sa volonté suprême.

Conserve, ô ma patrie ! à l'ombre de tes institutions, sous l'égide de la sagesse, ce don précieux, source de vie et de prospérité : aux conquérans doivent succéder, pour le bien de l'humanité, des princes pacificateurs.

(*Ils dirent*) et le flot tumultueux des ombres les porta vers un trône brillant de gloire, sur lequel Charlemagne et Napoléon, assis près l'un de l'autre, recevaient l'hommage des siècles !

FIN.

NOTES.

(*a*) 1831. — M^{al}. Soult, Guizot, Montalivet, d'Argout..... sous la présidence de M. C. Périer, qui lui donna son nom. On connaît les luttes de tribune de cette époque ; elles ne furent pas moins vives avec les représentans des Gouvernemens étrangers.

« Nous voulons la paix, leur disait le chef du cabinet ; l'intérêt de
» l'Europe est aussi de la vouloir ; mais s'il entre un de vos soldats en
» Belgique, nous y enverrons nos armées ». Et il tint parole. J'ai la conviction intime qu'il en serait de même aujourd'hui.

(*b*) La prise d'Anvers en Novembre 1832.

(*c*) Le 11 Octobre 1832, duc de Dalmatie, de Broglie, Guizot, d'Argout, Thiers......

(*d*) Ministère Molé (15 Avril 1837).

(*e*) Le congrès de Prague, où l'Autriche se sépara de Napoléon pour se réunir à ses ennemis, eut lieu le 26 Juillet 1813, et celui de Châtillon en Février 1814.

(*f*) 1840.

(*g*) Le cabinet Thiers, Rémusat, Pelet de la Lozère, Jaubert.. .. (1er. Mars 1840).

(*h*) Ce fut à la suite de la coalition formée au sein de la chambre des députés pour renverser M. Molé, et après le court passage du 12 Mai, que le 1er. Mars arriva aux affaires.

(*i*) Le ministère actuel, M^{al}. Soult, Guizot, Duchâtel, Martin (du Nord), Lacave-Laplagne, Salvandy, Cunin-Gridaine, Dumon.

(*j*) M^{al}. Soult, Dufaure.....

(*k*) Le long séjour de M. de Nesselrode, ministre des relations extérieures de Russie, et la récente visite de l'empereur Nicolas à la reine d'Angleterre, ont donné lieu à cette supposition, que rien ne justifie.

(*l*) Mgr. le duc de Nemours, fils du Roi, y commandait la colonne d'attaque qui monta la première à l'assaut (12-13 Octobre 1837).

(*m*) Sous le commandement de Mgr. le duc d'Aumale, fils du Roi,

(*n*) La bataille des Pyramides fut livrée aux Mameluks, par le général Bonaparte, le 21 Juillet 1798, pendant la campagne d'Egypte.

(*o*) Le prince de Joinville, fils du Roi.

www.ingramcontent.com/pod-product-compliance
Lightning Source LLC
Chambersburg PA
CBHW071647030726
47598CB00005B/2037